LIBRO NÚMERO TRES

CAMINAR
CON
CRISTO

EL DISEÑO DEL DISCIPULADO

EDITORIAL MUNDO HISPANO

EDITORIAL MUNDO HISPANO
7000 Alabama Street, El Paso, TX 79904, EE.UU. de A.

www.editorialmh.org

Editores: Juan Carlos Cevallos, Hermes Soto
Diseño de la portada: Carlos Santiesteban

Clasificación Decimal Dewey: 248.4
ISBN: 0-311-13658-3
EMH Núm. 13658

1.5 M 5 09

Impreso en Colombia
Printed in Colombia

Contenido

CÓMO APROVECHAR AL MÁXIMO ESTE ESTUDIO

La Biblia es un libro de vida, un tesoro de verdad:
convierte el alma,
hace sabio al sencillo,
alegra el corazón,
alumbra los ojos,
es deseable más que el oro,
es más dulce que la miel.
Los juicios de Jehová son verdad...
en guardarlos hay grande galardón.

Del Salmo 19:7-11

La abundante sabiduría que Dios ha provisto en su Palabra está disponible para cada cristiano; pero solamente los que la buscan diligentemente podrán obtenerla. La meditación en la Palabra y la oración son las dos llaves que abrirán el tesoro de la sabiduría de Dios mientras estudias. Meditar con una actitud de oración te ayudará a obtener el significado y la aplicación de los versículos para tu vida.

En este libro *Caminar con Cristo* estudiarás cinco aspectos importantes de tu vida con él:

- Hacia la madurez en Cristo
- El señorío de Cristo
- La fe y las promesas de Dios
- Conocer la voluntad de Dios
- Comportarse como un siervo

CAPÍTULO UNO

HACIA LA MADUREZ EN CRISTO

El mundo actual se caracteriza por muchas invenciones que satisfacen las necesidades de la gente en una forma rápida y fácil: comida instantánea, comunicaciones instantáneas por medio de computadores de alta velocidad. Sin embargo, los cristianos han de recordar que no existe tal cosa como la "madurez instantánea" en la experiencia de un cristiano. Llegar a ser un cristiano maduro comienza con una aventura de toda la vida, en la que continuamente mejoras tu conocimiento de Dios y lo amas aún más.

"No se amolden al mundo actual, sino sean transformados mediante la renovación de su mente. Así podrán comprobar cuál es la voluntad de Dios, buena, agradable y perfecta".

Romanos 12:2 (NVI)

EL CAMINO HACIA LA MADUREZ

1. Tú empezaste tu primer paso hacia la madurez espiritual en el instante que pusiste tu confianza en Cristo. Anota los puntos más importantes del evangelio usando como referencia las Escrituras:

_____

_____

_____

_____

_____

_____

2. Lee Efesios 4:11-16

a. ¿Cuál es el deseo de Dios para ti? Versículos 13, 15

_____

_____

_____

b. ¿Cuáles son algunas características de los cristianos inmaduros ("niños" o "infantes")? Versículo 14

_____

_____

c. Según este pasaje, ¿cuáles son algunas características de una persona madura espiritualmente?

_____

_____

_____

3. Compara la vieja naturaleza con la nueva naturaleza de un cristiano. Efesios 4:22-24

LA VIEJA NATURALEZA	LA NUEVA NATURALEZA
_____	_____
_____	_____
_____	_____

4. Considera 2 Corintios 3:18.

a. ¿A la imagen de quién estás siendo cambiado?

_____

b. ¿Quién produce este cambio?

_____

c. ¿Eres cambiado instantáneamente?

_____

5. ¿Qué dicen los siguientes versículos acerca de tu relación con Cristo?

a. ¿Qué es lo que ya te sucedió? Romanos 5:8, 9

_____

b. ¿Qué debes hacer ahora? Romanos 6:19

_____

c. ¿Qué esperarás en el futuro? Romanos 8:16-18

_____

Estos tres aspectos de la salvación en Cristo ayudan en el entendimiento del plan de Dios para los creyentes:

Justificación	*Pasado* Me ha salvado de la pena que merecen mis pecados.	Mi *posición* está en Cristo.
Santificación	*Presente* Me está salvando del poder del pecado.	Mi *carácter* debe parecerse más al de Cristo.
Glorificación	*Futuro* Me salvará de la presencia del pecado.	Mi *expectación* será cambiar a la imagen de Cristo.

6. Piensa cuidadosamente acerca de Colosenses 3:2-4. ¿Cómo se relacionan estos versículos con el cuadro anterior?

_____

_____

_____

_____

TU PUNTO
DE PARTIDA

7. Examina Colosenses 2:6, 7. ¿Cómo comenzaste tu vida en Cristo?

_____

¿Cómo debes continuar creciendo? _____

_____

_____

8. Considera Romanos 5:1-5. Porque ya has sido justificado por fe en Cristo, ¿qué beneficios prácticos puedes experimentar?

_____

_____

_____

_____

9. Lee Efesios 1 y haz una lista de algunas cosas que tú tienes "en Cristo".

_____

_____

_____

_____

EL PROCESO
DE CRECIMIENTO

10. Existe un paralelo entre la vida física y la vida espiritual. ¿Qué puedes aprender acerca de este paralelo en las siguientes referencias?

1 Tesalonicenses 2:11 _____

_____

1 Timoteo 4:8 _____

_____

Hebreos 5:13, 14 _____

_____

1 Pedro 2:2, 3 _____

_____

¿Cuáles otras ilustraciones de este paralelo sabes?

_____

_____

_____

11. Según Romanos 5:17, ¿cuáles cosas puedes recibir?

_____

_____

¿Para qué te capacitarán? _____

_____

_____

12. Medita en Romanos 6:11-13.

a. ¿Qué debes considerar como una verdad acerca de ti mismo? Versículo 11

_____

_____

b. ¿Cuál debe ser tu relación con el pecado? Versículo 12

_____

_____

c. ¿Qué no debes permitir? Versículo 13

_____

_____

d. ¿Qué acción debes tomar? Versículo 13

_____

e. ¿Cómo explicas la verdad de Romanos 6:5, 6?

_____

_____

13. Dios desea que tú reines en vida (Romanos 5:17), no que el pecado reine en tu vida (Romanos 6:13). ¿Qué aplicación sugieres para tu vida de acuerdo con estos versículos?

_____

_____

_____

_____

14. Pablo explicó que los cristianos son salvos por fe (Efesios 2:8, 9), pero tu relación con Dios no finaliza allí.

a. Según Efesios 2:10, ¿qué eres tú?

_____

b. ¿Está Dios trabajando en ti? _____

c. ¿Qué está haciendo Dios? Filipenses 1:6 _____

_____

Mientras meditas en tu vida, da gracias por todo lo que Dios hace en ti. Los conflictos en tu vida deben animarte, porque esto indica que Dios está trabajando en ti y está cambiándote a la imagen de Cristo. Toma un momento para expresarle tu gratitud a Dios por lo que él ha hecho, está haciendo, y hará por ti.

"Nuestro exterior es solamente el marco de Dios; el retrato verdadero es la persona interior que Dios, el Artista, está creando todavía".

CÓMO VIVIR

15. ¿Qué indicaciones para tu vida como cristiano ves en estos versículos?

Romanos 8:4 _____

_____

2 Corintios 5:7 _____

Efesios 5:2 _____

1 Juan 2:6 _____

16. Usando 1 Juan 1:6-10, compara a los que caminan en compañerismo con Dios con los que no lo hacen.

GENTE QUE CAMINA EN COMPAÑERISMO CON DIOS	GENTE QUE NO CAMINA EN COMPAÑERISMO CON DIOS

LA VIDA MADURA

17. ¿Qué actitud debe tener un cristiano maduro? Filipenses 3:13-15

_____

_____

_____

18. Lee 1 Corintios 15:58. Mientras esperamos la eternidad con Cristo, ¿qué debemos hacer los cristianos?

_____

_____

_____

¿Qué hecho puede motivarte para hacerlo? _____

_____

19. ¿Cuáles son algunas áreas en las que tú puedes experimentar crecimiento espiritual?

11

2 Pedro 3:18 _____

_____

1 Juan 4:16, 17 _____

_____

20. Considera 2 Timoteo 4:7, 8. ¿Qué declaración era capaz de hacer Pablo acerca de su caminar terrenal con Cristo?

_____

_____

_____

¿Qué esperaba él con expectación en el futuro?_____

_____

Puntos para recordar:

■ Dios quiere que los cristianos maduren y sean semejantes a Jesucristo. Dios ha salvado a los cristianos del castigo del pecado. Ellos están en un conflicto con el pecado, pero esperan un futuro sin pecado con Cristo.

■ La fe en Jesucristo indica el comienzo del crecimiento cristiano. El creyente tiene los recursos de Dios para crecer.

■ El crecimiento espiritual es semejante al crecimiento físico. Le toma tiempo a Dios trabajar en la vida de un creyente. Los cristianos deben reinar en vida, conscientes de que Dios cumple el trabajo que él empezó en ellos.

■ Crecer en Cristo es semejante a caminar con Cristo. Guiados por el Espíritu, los cristianos caminan por la fe y por el amor y el compañerismo con Cristo.

■ Un cristiano maduro es aquel que continuamente sigue a Cristo, trabajando arduamente y experimentando su gracia y su amor. Dios no olvida el trabajo del creyente y un día lo premiará.

CAPÍTULO DOS

El SEÑORÍO
DE CRISTO

Jesucristo es Salvador y Señor.

William Barclay ha señalado que: "de todos los títulos de Jesús, el título de Señor ha llegado a ser el más usado, difundido e importante teológicamente. No sería una exageración decir que la palabra Señor ha llegado a ser sinónimo del nombre de Jesús".*

EL SEÑOR JESUCRISTO

1. Los títulos revelan información importante de la persona a quien se refieren. ¿Cuáles son los títulos de Jesucristo en los siguientes versículos?

Juan 13:13 _____

Hechos 2:36 _____

Apocalipsis 19:16 _____

Escribe un resumen de lo que estos títulos revelan de Jesucristo.

_____

2. Jesucristo es Señor de (une las siguientes respuestas con las referencias correspondientes):

La creación   Colosenses 1:16, 17

Los que viven y los que han muerto   Colosenses 1:18

Todos los cristianos —la iglesia—   Romanos 14:9

*De *Jesus as They Saw Him* (New York: Harper and Row, 1962), página 408.

Cristo debe ocupar el mismo lugar en nuestro corazón que él ocupa en el universo.

3. Escribe tu definición de la palabra *señor* como piensas que se aplica a Jesucristo. (Un diccionario te puede ayudar.)

_____

_____

_____

_____

4. Examina Filipenses 2:9-11.

a. ¿Cómo ha exaltado Dios a Jesucristo? _____

_____

_____

b. ¿Cómo lo exaltará toda persona?

_____

5. ¿Cómo reconocen los ángeles el señorío de Cristo en Apocalipsis 5:11, 12?

_____

_____

_____

6. Lee 1 Corintios 6:19, 20.

a. ¿Cómo llegaste a ser una posesión de Dios? _____

_____

b. Por eso, ¿qué debes hacer? _____

Jesucristo, Señor de señores, siempre ha existido y siempre existirá. No todos lo reconocen como su Señor, pero eso no altera la realidad de su señorío. Todos un día reconocerán a Cristo como Señor, pero el privilegio de reconocer y obedecer su señorío es posible ahora mismo. Permite que Cristo sea el Señor de tu vida —a través de una decisión seguida por la práctica diaria—.

RECONOCER SU
SEÑORÍO POR DECISIÓN

7. ¿Qué lugar debe tener Cristo en la vida de un creyente?
Colosenses 1:18

_____

> Cristo está presente en todos los cristianos;
> Cristo es prominente en algunos cristianos;
> pero en pocos cristianos Cristo es preeminente.

8. ¿Qué se nos ordena hacer en Romanos 12:1?

_____

_____

¿Por qué debes hacer esto? _____

_____

_____

9. Marca las frases que se aplican a ti.

a. Por lo general, pienso o siento que...

_____Jesús no entiende realmente mis problemas.

_____Quizá él quiere que haga algo que no puedo hacer.

_____Quizá él quiere que siga una carrera que no me gusta.

_____Impedirá que contraiga matrimonio.

_____Él me quitaría la satisfacción que me brindan mis bienes materiales, pasatiempos o amistades.

_____Él puede ayudarme con las cosas grandes, pero no le importan las pequeñas.

b. ¿Tienes otros temores que te impiden darle a Cristo acceso a todas las áreas de tu vida?

_____

_____

c. ¿Cómo quita estos temores la afirmación en Jeremías 29:11?

_____

_____

Se requiere una actividad clara y concreta de la voluntad para reconocer su señorío, ya que él será el Señor de todo. Cuando la novia da el "sí" ante el altar, idealmente, coloca para siempre a su novio en el trono de sus afectos. En los años subsiguientes ella pone en práctica detalladamente todo lo que implica ese breve acto de la voluntad. Una entronización similar de Cristo puede resultar de un acto similar de la voluntad, porque la misma decisión que entroniza a Cristo automáticamente desentroniza al "yo".

J. Oswald Sanders*

10. Considera las siguientes preguntas y marca la respuesta apropiada.

	YO	JESÚS
¿Quién sabe qué es lo mejor para mi vida?	❏	❏
¿Quién puede hacer lo que es mejor para mi vida?	❏	❏
¿Quién desea siempre lo que es mejor para mi vida?	❏	❏

¿Por qué? _____

_____

_____

_____

11. Medita con oración en el señorío de Cristo. ¿Has decidido reconocer a Jesús como Señor de tu vida?

SÍ __ NO__

Explica tu respuesta.

_____

_____

*De *The Pursuit of the Holy* (Grand Rapids, Michigan: Zondervan, 1972), página 65.

RECONOCER SU SEÑORÍO EN LA PRÁCTICA

12. Las buenas intenciones no garantizan buenos resultados. Un buen comienzo no asegura un buen final —la decisión es solo el principio—. En cuanto hayas reconocido el señorío de Cristo en tu vida darás pruebas de que él es Señor sometiéndote a él hora tras hora y obedeciéndole en tus quehaceres cotidianos. La siguiente ilustración muestra algunas de estas áreas.

Toma un momento para evaluar tu aplicación del señorío de Jesucristo en estas áreas. Una buena manera de determinar si Cristo está en control es preguntar: "¿Estoy dispuesto a hacer cualquier cosa que Cristo desee en esta área?". O: "¿Seré capaz de dar gracias a Dios por cualquier cosa que pueda acontecer en esta área?".

a. ¿Hay áreas en la ilustración en las que tú no permites el control de Cristo?

_____

_____

b. ¿Hay otras áreas en las que tú no permites el control de Cristo?

_____

_____

c. ¿Qué puedes hacer en estas áreas para reconocer el señorío de Cristo?

_____

_____

_____

_____

No tenemos que preocuparnos sobre lo que haríamos por el Señor si tuviéramos más dinero, tiempo o educación. En cambio, hemos de determinar lo que haremos con lo que tenemos ahora. Lo que realmente importa no es lo que somos y tenemos, más bien si Cristo nos controla.

13. Cuando tú asumes el control de tu vida, pronto llegas a ser infeliz y a estar ansioso. ¿Qué dijo Pedro que puedes hacer? 1 Pedro 5:6, 7

_____

Basado en este versículo, dibuja la solución del hombre en el espacio en blanco.

14. ¿Qué pasa si las preocupaciones y ansiedades no son sometidas a Cristo? Marcos 4:18, 19

_____

_____

_____

_____

¿Cómo consideras que sucede esto?

_____

_____

15. En Lucas 9:23, ¿cuáles son las tres cosas que se requiere que haga la persona que decide seguir a Cristo? (Explica en tus propias palabras.)

_____

_____

_____

_____

_____

16. Lee Colosenses 3:23, 24. Subraya la mejor respuesta y explica por qué es mejor que las otras dos:
Pablo dijo que un cristiano:

Debe servir a Cristo más sinceramente de lo que sirve a la gente.

No debe mezclar la religión y su vida cotidiana.

Debe hacer las tareas ordinarias de todo corazón porque está sirviendo a Cristo.

_____

_____

_____

_____

17. Según Lucas 6:46, ¿cuál es una buena forma para evaluar si Cristo en verdad es el Señor de tu vida?

_____

_____

_____

18. Lee Lucas 18:28-30.

a. ¿Qué habían hecho los apóstoles? _____

_____

b. ¿Cómo respondió Jesús? _____

_____

19. ¿Qué significa el señorío de Cristo para ti personalmente?

_____

_____

_____

_____

_____

_____

_____

Puntos para recordar:

- En las Escrituras se declara que Jesucristo es Señor. Él es digno de ser Señor por quien es y por lo que ha hecho.
- Porque Jesucristo es Señor, la responsabilidad de un cristiano es someterse a su autoridad cada día en todas las áreas de su vida.
- Es posible que varias áreas de la vida del creyente no estén bajo el control de Cristo. El creyente debe someter estas áreas a Cristo y seguir reconociendo que el control de Cristo sobre su vida es para su bienestar y su gozo.

CAPÍTULO TRES

LA FE Y LAS PROMESAS DE DIOS

En una ocasión varias personas le preguntaron a Jesús cómo podrían hacer las obras de Dios. Jesús les respondió: "Esta es la obra de Dios: que creáis en aquel que él ha enviado" (Juan 6:29, NVI). Dios quiere que los individuos crean y tengan fe, porque "...sin fe es imposible agradar a Dios" (Hebreos 11:6).

Pero a menudo nuestra "fe" no es nada más que una esperanza motivada por el deseo —"Tengo la esperanza de que todo saldrá bien. Tengo 'fe' que así será"—. El concepto bíblico de la fe sobrepasa este acercamiento superficial.

CAMINAR EN LA FE

1. ¿Cómo se relaciona la fe con el comienzo de la vida cristiana? Efesios 2:8, 9

_____

_____

Tú has recibido a Cristo por fe, ¿cómo debes vivir tu vida? Colosenses 2:6

_____

_____

2. ¿Cómo defines la fe de acuerdo con los siguientes pasajes? Hechos 27:25 _____

_____

Romanos 4:20, 21 _____

_____

Hebreos 11:1 _____

La fe es la certeza de que lo que Dios ha dicho en su
Palabra es la verdad, y que Dios actuará de acuerdo con
lo que ha dicho en su Palabra... La fe no es un asunto de
impresiones, probabilidades ni apariencias.

George Muller*

3. ¿Qué es lo que la fe hace posible? Relaciona las siguientes
columnas.

__Esperanza, gozo, paz   a. Mateo 21:22

__Oración contestada   b. Romanos 15:13

__Poder sobre Satanás   c. Efesios 3:12

__Acceso a Dios   d. Efesios 6:16

4. Expresa el principio de 2 Corintios 5:7 en tus propias palabras, y da un ejemplo de cómo puedes aplicarlo.

_____

_____

_____

_____

_____

5. ¿Qué pecado impide la obra de Dios? Mateo 13:58

_____

Lo contrario de la fe no es la duda; es la incredulidad.
La duda solo requiere más hechos. La incredulidad es
desobediencia y se rehúsa a actuar de acuerdo con lo que
Dios ha declarado.

*Como cita George Muller, de Basil Miller, en su libro *Man of Faith* (Minneapolis:
Bethany Fellowship, 1972), páginas 27, 28.

OBJETOS DE FE

6. ¿Cuáles son algunos objetos indignos en los que las personas ponen su fe?

Salmos 33:16, 17 _____

_____

Salmos 146:3 _____

Proverbios 3:5 _____

Proverbios 28:26 _____

Jeremías 9:23 _____

Coloca una marca en aquellos en los cuales tú tienes la tendencia a depender. ¿Cuál piensas que sería el resultado inevitable de poner la fe en esos objetos?

_____

_____

_____

_____

7. ¿En quién debes depositar tu fe? Marcos 11:22

_____

8. Tu confianza y tu fe en Dios están fundadas en tu conocimiento de quién es Dios y cuáles son sus atributos. ¿Cuáles versículos sobre la naturaleza de Dios y su carácter han sido significativos para ti?

VERSÍCULO	LO QUE ME ENSEÑA RESPECTO A DIOS

9. ¿Qué crees que trata de comunicar la siguiente ilustración?

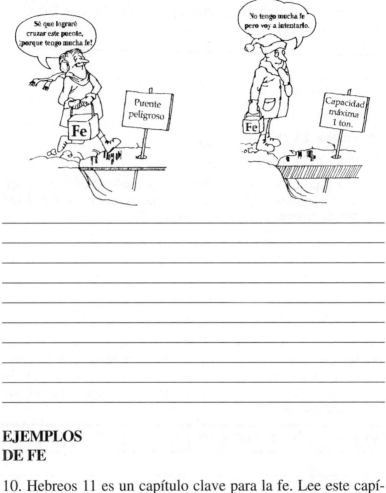

_____

_____

_____

_____

_____

_____

_____

_____

_____

_____

EJEMPLOS
DE FE

10. Hebreos 11 es un capítulo clave para la fe. Lee este capítulo y haz una lista de las cosas que han sido llevadas a cabo por fe.

a. ¿Cuáles de las cosas que han sido logradas por fe consideras que son las más significativas?

_____

_____

b. ¿Por qué? _____
_____
_____

LAS PROMESAS
DE DIOS

11. Acuérdate de una situación específica cuando alguien te hizo una promesa.

a. ¿Cómo evaluaste la probabilidad de que cumpliera con su promesa?
_____

b. ¿La cumplió? _____

c. ¿Qué impacto tuvo esta experiencia sobre tu confianza en futuras promesas hechas por esa persona?
_____

12. Dios te hace muchas promesas. ¿Qué afirman las Escrituras en cuanto a las palabras de Dios?

1 Reyes 8:56 _____

Salmo 89:34 _____

Isaías 55:11 _____

2 Pedro 1:4 _____

13. ¿Por qué crees que las promesas de Dios son dignas de confianza?
_____
_____
_____
_____

PROMESAS CONFIABLES

14. Escribe las promesas y las condiciones (si hay).
Juan 15:7
P:_____
C:_____
Lamentaciones 3:22, 23
P:_____
C:_____
Romanos 8:28
P:_____
C:_____
Gálatas 6:7
P:_____
C:_____

15. ¿Por qué crees que Dios pone condiciones en algunas promesas?
_____
_____
_____
_____

16. ¿Cuál es la actitud de Dios acerca de cumplir sus promesas para ti? 2 Corintios 1:20
_____
_____
_____

¿Cuál debe ser tu actitud hacia las promesas de Dios? Hebreos 6:12
_____
_____
_____

Es provechoso y alentador escribir las promesas de Dios. Puede ser que desees guardar una lista de estas promesas, sus condiciones y sus resultados. Las promesas de Dios con frecuencia forman una cadena como en el ejemplo siguiente:

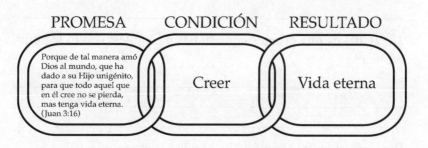

PROMESA   CONDICIÓN   RESULTADO

Porque de tal manera amó Dios al mundo, que ha dado a su Hijo unigénito, para que todo aquel que en él cree no se pierda, mas tenga vida eterna. (Juan 3:16)

Creer

Vida eterna

17. Descubre cómo Josafat utiliza las promesas de Dios. Lee 2 Crónicas 20:1-30.

a. ¿Cuál fue la primera cosa que hizo Josafat? Versículos 3, 6-12

_____

b. ¿Cómo le respondió Dios? Versículo 15 _____

_____

c. ¿Era esta una promesa? _____

d. ¿ Cuál fue su próxima respuesta? Versículo 18

_____

_____

e. ¿Qué evidencia hay de que Josafat creyó en la promesa de Dios?

_____

_____

_____

f. ¿Cómo alentó él a otros? Versículo 20 _____

_____

_____

g. ¿Cuál fue el resultado? Versículos 22, 27 _____

_____

18. ¿Cuál es una promesa que tú has descubierto en tu lectura bíblica?

_____

_____

_____

Específicamente, ¿cómo te ha ayudado esta promesa?

_____

_____

Puntos para recordar:

- La fe está basada en la Palabra de Dios.
- La gente puede confiar en un número de cosas que finalmente fallan. Solo Dios merece toda nuestra confianza.
- Para mí, el ejemplo más significativo de la fe en Hebreos 11 fue:

_____

_____

- Dios es un fiel prometedor cuyas palabras nunca fallan. Dios hace lo que ha dicho porque él es fiel a su palabra.
- Los cristianos deben clamar por las promesas de Dios, porque él desea responder a nuestra fe.

CAPÍTULO CUATRO

CONOCER LA VOLUNTAD DE DIOS

Algunas veces parece que la voluntad de Dios estuviera escondida en el cofre de un tesoro enterrado en algún lugar y que nosotros tuviéramos solo porciones del mapa para encontrarla. Pero, ¿es cierto esto? ¿Está Dios escondiendo sus planes como un secreto oculto, o quiere él que tú lo sigas para así poder dirigirte paso a paso?

Proverbios 3:5, 6 puede hacer más claras las ideas de la voluntad de Dios. Medita en este pasaje cuidadosamente: "Confía de todo corazón en el Señor, y no en tu propia inteligencia. Ten presente al Señor en todo lo que hagas, y él te llevará por el camino recto". (DHH)

LA VOLUNTAD DE DIOS YA REVELADA

1. ¿Cuál debe ser uno de tus deseos como seguidor de Cristo? Efesios 5:17

_____

2. ¿Qué promete Dios para que conozcas su voluntad para tu vida? Salmo 32:8

_____

3. ¿Qué revela Dios acerca de su voluntad para ti en los siguientes versículos?

1 Tesalonicenses 4:3 _____

_____

1 Tesalonicenses 5:18 _____

_____

1 Pedro 2:15 _____

_____

4. ¿Qué actitud tenía el salmista acerca de la voluntad de Dios? Salmo 40:8

_____

¿Cuáles acciones ayudan a producir esta actitud?

_____

_____

5. ¿Quién es tu fuente de fortaleza para hacer la voluntad de Dios?

Filipenses 2:13 _____

Juan 15:5 _____

> La voluntad de Dios no es como un paquete mágico que cae del cielo sostenido por una cuerda... la voluntad de Dios es más bien como un rollo de escritura que se va desenrollando cada día. La voluntad de Dios es para discernirla y vivirla cada día de nuestra vida. No es como un paquete que podemos agarrar de una sola vez. Nuestro llamado, por lo tanto, no es seguir un plan o un proyecto detallado, ir a cierto lugar o empezar un trabajo; nuestro llamado es seguir a nuestro Señor Jesucristo.
>
> Paul Little*

A veces enfrentamos ciertas decisiones donde las Escrituras no proveen instrucciones específicas. En estos casos el cristiano debe aplicar los principios que se encuentran en la Palabra de Dios.

*De Affirming the Will of God (Downers Grove, Illinois: InterVarsity Press, 1971), página 8.

PRINCIPIOS PARA TOMAR DECISIONES

Los objetivos de las Escrituras

Dios ha dado mandamientos específicos que pueden ayudarte a tomar muchas de las decisiones acerca de tus actividades. Si una actividad en particular no está de acuerdo con la Biblia, entonces sabes que esa actividad no puede ser la voluntad de Dios para ti.

6. Usando los siguientes versículos, escribe en tus propias palabras algunos objetivos de Dios para ti. Dios quiere que tú…

Mateo 6:33 _____

_____

Mateo 22:37-39 _____

Mateo 28:18-20 _____

_____

1 Pedro 1:15 _____

_____

2 Pedro 3:18 _____

_____

Hazte algunas preguntas basadas en estos y en otros versículos similares para determinar tus actividades.

a. ¿Estoy buscando primero la voluntad de Dios y no mis propios deseos?

b. ¿Me ayudará esto a amar más a Dios y a los demás?

c. ¿Cómo se relaciona esta acción con mi participación individual en el cumplimiento de la "gran comisión" de Jesucristo?

d. ¿Me ayudará esto a vivir una vida de más santidad?

e. ¿Me servirán estas actividades para conocer más a Cristo?

Si contestas honestamente estas preguntas, te ayudarán a tomar una decisión según la Palabra de Dios.

7. Con los siguientes versículos, haz preguntas que te ayuden a conocer mejor la voluntad de Dios para tu vida.

1 Corintios 6:12 _____

_____

1 Corintios 6:19, 20 _____

_____

1 Corintios 8:9 _____

_____

1 Corintios 10:31 _____

_____

La obediencia a Dios

Si Dios te ha mostrado su voluntad y tú rehúsas obedecerlo, ¿por qué debe él darte más dirección? La obediencia a lo que ya se conoce como la voluntad de Dios es importante para continuar bajo su dirección.

8. ¿Cómo adquieres el entendimiento de la voluntad de Dios?

Salmo 37:31 _____

Salmo 119:105, 130 _____

9. ¿Qué otra acción puedes tomar para conocer su voluntad?

Salmo 143:8 _____

Santiago 1:5 _____

10. El Salmo 25:4, 5 es una oración de David donde pide la dirección de Dios para su vida. Escríbela con tus propias palabras y hazla como una oración de tu corazón.

_____

_____

_____

11. ¿Cuáles son las condiciones en Romanos 12:1, 2 para encontrar la voluntad de Dios?

_____

_____

12. ¿Quién te ha prometido su guía mientras buscas la dirección de Dios? Juan 16:13

_____

13. Lee el Salmo 27:14 e Isaías 30:18. ¿Qué relación hay entre poner tu esperanza en el Señor, o esperar en el Señor, y saber la voluntad de Dios? ¿Cómo lo harás?

_____

_____

_____

_____

Satanás acosa a las personas; Dios las guía.

El corazón abierto a la dirección de Dios
Cuando uno está listo para hacer la voluntad de Dios en todo, necesita vencer muchas dificultades.

14. Puede que no siempre comprendas todas las opciones posibles para saber lo que debes hacer. ¿De qué manera puedes conseguir información adicional? Proverbios 15:22

_____

_____

Se debe escuchar el consejo de cristianos maduros que están siguiendo la voluntad de Dios y lo conocen a uno bien. Ayuda

33

hablar con otros que han tenido que tomar decisiones en circunstancias como las que uno está experimentando.

15. Explica el principio que Jesús usó cuando contestó lo que le preguntaron. Juan 7:17

_____

_____

_____

_____

¿Cómo se aplica este principio al conocimiento de la voluntad de Dios? _____

_____

_____

_____

_____

16. Cuando tú sabes lo que Dios quiere que hagas, ¿cómo debes hacerlo? Efesios 6:6

_____

_____

_____

17. ¿Cuáles son algunas consideraciones que pueden ayudarte a distinguir la voluntad de Dios? Haz concordar las siguientes circunstancias con los versículos apropiados:

___Pensar con sabiduría y cuidado   a. Colosenses 3:15

___Paz interior, espiritual   b. Romanos 13:1

___Obligaciones cívicas   c. Efesios 5:15-17

LOS PRINCIPIOS
PUESTOS EN PRÁCTICA

18. Examina los siguientes ejemplos de la Biblia y pregúntate lo siguiente: ¿Qué decisión se tomó? ¿Cuál fue el factor influyente para tomar esa decisión?

PERSONA	DECISIÓN
Gedeón Jueces 6:25-28	
Moisés Hebreos 11:25, 26	
Demas 2 Timoteo 4:10	

19. El siguiente cuadro puede ayudarte a determinar la voluntad de Dios en alguna decisión particular que tengas que tomar ahora.

Decisión que estoy enfrentando: _____

OBJETIVOS BÍBLICOS	SÍ	NO	NEUTRAL
¿Estoy buscando primero la voluntad de Dios y no mis propios deseos?			
¿Me ayudará esto a amar más a Dios y a los demás?			
¿Me ayudará a cumplir la "gran comisión"?			
¿Me ayudará a vivir una vida de más santidad?			
¿Me ayudará a avanzar en mi entrenamiento cristiano?			
Otras preguntas:			

LA OBEDIENCIA A DIOS

¿Hay otras áreas en mi vida en las cuales necesito obedecer antes de determinar esta decisión?

¿Qué factores de la Palabra de Dios afectan esta decisión?

_____

_____

¿He orado con respecto a esta decisión?

_____

EL CORAZÓN ABIERTO A LA DIRECCIÓN DE DIOS
¿Cuáles son varias alternativas que tengo para tomar esta decisión?

ALTERNATIVAS	VENTAJAS	DESVENTAJAS

¿Estoy sinceramente dispuesto a hacer cualquier cosa que Dios quiere que haga? ¿Qué consejo he recibido de otros?

_____

_____

_____

¿Con qué decisión siento paz espiritual?

_____

_____

¿Cuáles circunstancias se relacionan con esta decisión?

_____

_____

_____

CAPÍTULO CINCO

COMPORTARSE COMO UN SIERVO

A todos les gusta ser servidos; pero son pocos los que se esfuerzan por servir a otros. No les importa que se les llame siervos, pero no les gusta que se les trate como a siervos. El cristiano maduro se caracteriza porque sirve a otros sin esperar ninguna recompensa.

CRISTO, TU EJEMPLO

1. ¿Cuál fue el propósito de Cristo al venir a este mundo? Marcos 10:45

_____

_____

2. ¿Cuáles son algunas maneras en las que Jesús sirvió a la gente? Mateo 9:35

Juan 13:3-5 _____

_____

_____

3. Lee Filipenses 2:5-8

a. ¿El ejemplo de quién debes seguir? Versículo 5

_____

37

b. ¿Qué posición tomó Cristo? Versículo 7

_____

_____

c. ¿Cómo manifestó Cristo su actitud de siervo? Versículos 7, 8

_____

_____

_____

4. Considera el mandato en Filipenses 2:3, 4.

a. ¿Qué es lo que se te pide hacer? _____

_____

_____

b. ¿Puedes pensar en alguna situación en la que tú no practicas esta actitud?

_____

_____

c. ¿Qué puedes hacer para corregir esto? _____

_____

_____

LO QUE CRISTO DESEA PARA TI

5. Lee Marcos 1:31.

a. Después de que Jesús sanó a la suegra de Pedro, ¿qué fue lo que ella hizo inmediatamente?

_____

b. ¿En cuáles maneras te ha ayudado Cristo? _____

_____

_____

_____

c. ¿Qué deberías hacer? _____

_____

_____

6. ¿A quién deseas servir?

Juan 12:26 _____

Gálatas 5:13 _____

Gálatas 6:10 _____

7. La última vez que Cristo estuvo con sus discípulos antes de su muerte, él demostró algunas cosas acerca de una actitud de siervo. Lee Lucas 22:24-27.

a. ¿Qué era lo que los discípulos discutían? Versículo 24

_____

_____

b. ¿Cómo mostró Jesús su humildad? Versículo 27

_____

_____

c. ¿Cómo deben comportarse los seguidores de Cristo? Versículo 26

_____

_____

d. ¿Cómo es esto contrario a la manera del "mundo"? Versículo 25

_____

_____

8. El relato de Juan 13:1-15 revela mucho acerca de la actitud de Jesús al servir. Haz una lista de algunas lecciones que has aprendido de este pasaje.

_____

_____

_____

_____

_____

_____

_____

_____

_____

_____

_____

_____

DARTE TÚ MISMO

Los cristianos han sido liberados en Cristo no para hacer lo que quieran, sino para servir. Los creyentes han sido liberados del pecado para servir a la justicia (Romanos 6:18, 19), son liberados de Satanás para servir a Dios (1 Pedro 2:16), y son liberados del yo para servir a otros (Gálatas 5:13). Los cristianos ya no están bajo la obligación de servir a la antigua manera de vivir, sino libres para servir voluntariamente a la nueva manera de vida.

9. ¿Cómo se denominó Pablo a sí mismo? 2 Corintios 4:5

_____

_____

¿Cómo se manifestó esta actitud? 2 Corintios 12:15

_____

_____

_____

_____

10. Anota algunas cualidades de un buen siervo.

_____

_____

_____

_____

_____

Esta semana pregúntale a alguien cuál es su definición de un siervo cristiano. Escribe su respuesta aquí:

_____

_____

_____

_____

REQUISITOS PARA LLEGAR
A SER UN SIERVO

Ser humilde

11. ¿Qué es lo que deberías recordar constantemente? Juan 13:13, 16

_____

_____

12. Como un siervo tú podrías enorgullecerte de tu servicio. ¿Cómo puedes evitar que esto pase? Lucas 17:10

_____

_____

Observar y satisfacer las necesidades de otros

13. El siervo presta atención. "Los oídos para oír y los ojos para ver: ¡hermosa pareja que el Señor ha creado!" (Proverbios 20:12, NVI). Dios quiere que uses lo que él te ha dado para escuchar y observar.

a. ¿Cómo puedes convertirte en un mejor oyente?

_____

_____

_____

_____

b. ¿Cómo puedes convertirte en un mejor observador?

_____

_____

_____

_____

(Lee Proverbios 24:30-34 para ver un ejemplo de un hombre que aprendió por observación.)

14. ¿Qué necesidades de otros conoces que tú podrías satisfacer?

_____

_____

_____

Lee Proverbios 3:27 y 1 Juan 3:17. ¿Qué dicen estos versículos que debes hacer?

_____

_____

_____

_____

_____

_____

Una evaluación de tu actitud al servir
15. Toma un momento y evalúa tu actitud al servir.

a. Da un ejemplo de cuando tú serviste a otra persona.

_____

_____

b. ¿Puedes pensar en un ejemplo cuando fallaste en servir a otra persona aunque tú conocías la necesidad?

_____

_____

_____

c. En tu opinión, ¿por qué serviste en una ocasión y en la otra no?

_____

_____

_____

16. ¿Por qué es importante servir en las cosas "pequeñas"? Lucas 16:10

_____

_____

_____

_____

_____

UN SIERVO DA LO
QUE TIENE PARA AYUDAR

Una de las formas más prácticas para servir a otras personas es compartir lo que tenemos para suplir sus necesidades materiales y financieras. Si tú estás dispuesto a compartir con otros las cosas materiales, estarás mejor dispuesto a compartir otras cosas tales como tu tiempo, tu experiencia, tu amor y tu vida.

17. ¿Cuáles son los principios básicos que da el Nuevo Testamento?

2 Corintios 8:9 _____

_____

2 Corintios 9:8 _____

_____

18. ¿Qué promete Dios a los que dan?

2 Corintios 9:6 _____

_____

Filipenses 4:19 _____

_____

19. Según los versículos en el siguiente cuadro, ¿a quién deberías darle? ¿Puedes pensar, para cada versículo, en una persona específica a quien podrías darle?

	A QUIÉN DEBO DARLE	ALGUIEN EN PARTICULAR A QUIEN PUEDO DARLE
Proverbios 19:17		
1 Corintios 9:14		
Gálatas 6:6		
Santiago 2:15, 16		

20. Evalúa tu actitud para dar.

a. ¿Estás dando de acuerdo con un plan? _____

b. ¿A quién le estás dando ahora? _____
_____
_____

c. ¿Necesitas cambiar en algo tu presente forma de dar?
_____

Si es así, ¿qué harás? _____
_____
_____
_____

Puntos para recordar:

- Jesucristo no fue obligado a convertirse en un siervo. Él lo hizo voluntariamente, dándose a sí mismo para remediar las necesidades de las personas.
- Cristo ha ayudado a todos los creyentes, y ellos deben responder sirviéndole a él y sirviéndoles a otros cristianos.
- Los creyentes deben "morir a sí mismos" para vivir para otros. Después serán libres para ser siervos.
- Un siervo debe ser humilde y estar atento a las cosas pequeñas así como a las cosas más grandes.
- Un siervo da no solamente de sí mismo, sino también de sus posesiones y su dinero. Cada cristiano debe tener un plan para dar de su dinero basado en los principios de las Escrituras.